Stefano Bavaro

Selezione del personale in ambito militare: Agostino Gemelli

ISBN 978-1-326-98733-6

stefano.bavaro@libero.it

Non è possibile studiare e risolvere questi problemi senza aver pilotato; non basta, per rendersi conto adeguato dei compiti del pilota, farsi trasportare in aeroplano, bisogna imparare, almeno sommariamente quelli che sono i vari compiti del pilota. Il medico pilota deve vivere la vita degli aviatori, condividendo con essi vantaggi e pericoli.

Gemelli A., "La psicologia del pilota di velivolo", in A. Monaco, A. Gemelli, R. Margaria, Trattato di Medicina Aeronautica, Ufficio Editoriale Aeronautico, Roma 1942, p. 252.

Selezione del personale in ambito militare: Agostino Gemelli

INTRODUZIONE

La storia della psicologia è stata segnata dalla personalità di una figura rappresentativa del Novecento, Agostino Gemelli, il quale riconosceva l'onere dell'Università contemporanea di "collaborare al progresso delle scienze e di seguire la metodologia richiesta da ognuna di esse, non ponendo, però, mai in secondo ordine ciò che esige il riconoscimento del suo primato, vale a dire l'uomo, la persona umana, il mondo della spiritualità[1]". Riportare i suoi contributi nell'ambito della psicologia applicata, in particolar modo della psicologia del lavoro, è stato lo scopo del presente lavoro.

In esso si affrontano le applicazioni della psicotecnica, operate dal Gemelli, in campo industriale, nell'orientamento scolastico e professionale e, in campo militare. Nel primo ambito il Nostro sottolineò l'impossibilità di studiare l'uomo al lavoro, l'uomo economico, disgiunto dall'uomo al di fuori del lavoro,

---

1 A. Gemelli, "Le conquiste della scienza e i diritti dello Spirito. Discorso letto dal Magnifico Rettore, Fr. Agostino Gemelli, per la festa dell'Università, il giorno 8 dicembre 1957", in *Annuario UCSC* (a.a. 1957/58), p. 453.

l'uomo psicologico; il lavoratore era, così, legittimato, ad avere sentimenti e opinioni che costituivano parte integrante della prestazione lavorativa. Nell'orientamento scolastico e professionale la sua attenzione si rivolse non più al singolo, all'individuo in sé, ma sul piano sociale, mettendo in relazione la personalità del giovane con le aspettative della collettività. In ambito militare Gemelli studiò sul campo i comportamenti e la psicologia dei soldati in guerra, in particolare la psicologia dell'assalto, quando, cioè, la personalità del soldato si annullava per divenire un individuo altro, sia nelle abitudini che nei comportamenti.

Infine, si compie una rassegna sui contributi scientifici del Gemelli nel settore aeronautico, contributi che porranno le basi della moderna medicina aeronautica. Nello studio degli aspetti fisiologici e psicologico-comportamentali legati al volo, il nostro psicologo valutò non solo i requisiti di idoneità al volo dei piloti, ma anche il possesso di "chiare qualità positive", come egli stesso le definiva. Trasformando l'abitacolo dell'aereo in un vero e proprio laboratorio scientifico, attraverso appositi strumenti e apparecchiature, intese stabilire l'attitudine e la resistenza al volo dei futuri piloti osservando e analizzando emotività, attenzione e reazioni psicomotorie.

Concludendo, in questo lavoro, è trattata la vita di un uomo di chiesa, fondatore della Cattolica, il quale ha svolto la sua attività scientifica affrontando, con i suoi studi, le sue analisi e ricerche, concetti e tematiche riguardanti vari ambiti, dall'industria all'orientamento professionale, dal settore militare a quello aeronautico, sempre sotto l'insegna della psicologia.

A tal proposito egli affermava:

«Come psicologo ho procurato sempre di prescindere dalle mie convinzioni personali, fossero esse sociali, religiose o filosofiche; non so se vi sono sempre riuscito; spero, per lo meno, di non essermi mai messo a lavorare guidato dal proposito di dimostrare una tesi, specie se filosofica. I miei allievi me ne possono essere testimoni. Si potrebbe osservare, e corrisponderebbe a verità, che nessuno, per quanto faccia, può prescindere dalla propria filosofia, ossia dalla propria concezione del mondo, perché è essa che guida la vita[2]».

Al Nostro, Agostino Gemelli, va il merito della modernità del suo pensiero, avendo lasciato alle generazioni successive, attraverso le sue scrupolose indagini scientifiche, idee e metodi utili alla risoluzione di problematiche applicate al soggetto umano e all'ambito lavorativo.

---

2 Gemelli, "Postilla", in *Archivio di Psicologia, Neurologia, Psichiatria e Psicoterapia*, XIII, 3 (1952), p. 322.

AGOSTINO GEMELLI E LA PSICOTECNICA

1. 1 Una vita volta a divulgare i risultati dei suoi studi.

Agostino Gemelli, battezzato con il nome di Edoardo, religioso, medico e psicologo italiano, nacque a Milano il 18 gennaio del 1878; ebbe un'educazione molto rigida sin dall'adolescenza, testimoniata dal periodo in cui egli frequentò il liceo-ginnasio "Parini" come alunno del collegio "Longoni". Terminati gli studi secondari, fu allievo di Camillo Golgi, scienziato e medico italiano, che lo indusse verso gli studi scientifici e sperimentali. Alunno del collegio "Ghislieri" frequentò e perseguì la laurea in Medicina all'Università di Pavia. Dopo tre mesi di tirocinio presso l'ospedale Maggiore intraprese il servizio militare come soldato di sanità nell'ospedale di Sant'Ambrogio a Milano. Una delle fasi salienti della sua carriera è rappresentata dalla sua conversione al cattolicesimo[3], per la quale si dedicò agli studi di

---

3 La sua conversione probabilmente avvenne in seguito alla

psicologia sperimentale, abbandonando definitivamente l'aspirazione alla professione medica essendo diventato uomo del clero. Entrato nell'ordine francescano a Rezzato, Gemelli venne ordinato prete con il nome di Agostino rimanendo fedele, da questo momento in poi, all'ortodossia e, allo stesso tempo, al metodo empirico della scienza. Negli anni del periodo fascista, si promulgò per la tutela, nelle scuole e nelle accademie, della psicologia, disciplina costituente parte fondamentale delle sue ricerche scientifiche. Fondò nel 1921 l'Università cattolica del Sacro Cuore di Milano, di cui fu rettore, e contraddistinse la sua meticolosa carriera di studi e ricerche in diversi campi del sapere, dalla neurofisiologia alla psicologia sperimentale, dalla psicologia dell'età evolutiva alla psicologia del lavoro. Si spense il 19 luglio 1959 e fu sepolto nel duomo di Milano[4].

Nel corso di cinquant'anni fra i vari ambiti di ricerca, che interessarono il Gemelli, si annovera la psicotecnica, a cui egli dedicò buona parte dei suoi studi. Egli compì ricerche e indagini su questa disciplina applicandola nei seguenti ambiti: in campo industriale,

delusione provocata dall'esperienza socialista, alla critica al positivismo, al cui metodo aveva aderito durante gli anni universitari, e all'influsso di Ludovico Necchi e don Giandomenico Pini, suoi compagni di servizio militare.

4 Per approfondire la biografia del Gemelli consultare AA.VV., *Fede e scienza nella vita e nell'opera di Agostino Gemelli francescano*, Vita e Pensiero, Milano 1960; AA.VV., *Agostino Gemelli*, Vita e Pensiero, Milano 1979; E. Preto, *Bibliografia di padre Agostino Gemelli*, Vita e Pensiero, Milano 1981.

nell'orientamento scolastico e professionale ed, infine, in campo militare, specificatamente nel settore aeronautico. Inoltre, fu il primo a compiere studi sull'intervallo psicotecnico di reazione in relazione al problema degli incidenti stradali[5] apportando riflessioni di particolare rilevanza.

Riguardo alla psicotecnica in generale il Gemelli affermava:

«*Questo complesso di indagini e applicazioni pratiche che di sotto il nome, assai male scelto, ma assai usato, di psicotecnica dimostra come nello studio delle professioni in genere e nello studio delle questioni industriali in specie, il punto di vista delle attitudini psichiche dell'individuo assume un'importanza di primo ordine[6]*».

In aggiunta il Gemelli sosteneva la necessità, in ambito lavorativo, di una selezione dei candidati mediante test psicofisici[7] per misurarne le attitudini, che bisognava sviluppare frequentando apposite scuole di specializzazione. Ma l'obiettivo primario, stando alle considerazioni del religioso, di questa branca di studio, la psicotecnica appunto, era l'attribuzione di importanza all'attività umana, al lavoro che fino a quel momento

---

5 Cfr. A. Gemelli, *Gli incidenti del traffico stradale*, Vita e Pensiero, Milano 1990.

6 ID., "Sulla necessità di una selezione psicologica nel reclutamento dei militari", in *Nuova Antologia*, VI, 243 (1925), p. 331.

7 Per approfondire cfr. ID., "Intorno alla applicazione dei *test* mentali alla selezione industriale", in *Rivista di Psicologia*, XXXII (1936).

veniva considerato un fattore secondario e, allo stesso tempo, scovare canali che rendessero il lavoro più proficuo possibile. Quindi bisognava istituire una relazione tra uomo e lavoro, rispettando e tutelando le condizioni del lavoratore. Fra le varie opere del Gemelli riguardanti la psicotecnica è opportuno menzionare: *Il nostro soldato. Saggi di psicologia militare; La psicotecnica applicata all'industria; La psicologia del lavoro umano; La psicologia al servizio dell'orientamento professionale nelle scuole;* oltre al famoso *Trattato di Medicina Aeronautica,* diretto da lui stesso, insieme ad Arturo Monaco e Rodolfo Margaria[8].

1. 2 Applicazioni psicologiche in campo industriale.

Padre Gemelli iniziò i suoi studi riguardanti le applicazioni della psicotecnica sul piano industriale analizzando le ricerche, che si erano già avute in Europa e in America, dalle quali nacque la necessità di verificare le attitudini che un individuo doveva possedere in merito ad un determinato lavoro. Al riguardo, egli sostenne come i fattori psichici di un lavoratore erano determinanti per l'acquisizione di una buona abilità

8 Per un'accurata bibliografia circa gli scritti del Gemelli cfr. N. Raponi, *Gemelli Agostino,* in *Dizionario biografico degli Italiani,* Istituto della Enciclopedia Italiana, LIII (2000), *ad vocem;* circa gli scritti relativi alla psicotecnica cfr. G. P. Lombardo, R. Foschi, *La psicologia italiana e il Novecento: le prospettive emergenti nella prima metà del secolo,* Franco Angeli, Milano 1997, p. 69, n. 229.

manuale. All'idoneità del lavoratore, inoltre, doveva corrispondere un posto di lavoro, in cui la macchina doveva adattarsi all'individuo attraverso dei ritmi che dovevano combaciare con quelli della maggior parte degli operai[9], sconfessando le teorie errate che vedevano la necessità dell'uomo di adattarsi alla macchina, causando un profitto industriale certamente più basso di quello che si poteva raggiungere per mezzo delle ricerche condotte da Gemelli. Questi, attraverso le sue prime indagini e studi compiuti direttamente nell'ambito della selezione e dell'organizzazione del lavoro, dimostrò come le suddette analisi scientifiche servissero a rendere migliore sia la condizione del lavoratore sia la produzione dell'industria, obiettivi entrambi della psicotecnica. Il Gemelli criticò fortemente le teorie precedenti sull'organizzazione scientifica del lavoro, che ponevano l'attività del lavoratore in secondo piano e, sostenne che la psicotecnica poteva dimostrare come il guadagno dell'imprenditore di un'azienda fosse assicurato non solo dai premi o dai vantaggi salariali, di cui poteva godere l'operaio, ma anche da una tutela generale del lavoratore, caratterizzata dalla diminuzione della fatica, oltre che dalla salvaguardia, in termini fisici, dell'individuo impiegato in una postazione di lavoro.

Codeste considerazioni, in un primo momento, a causa dei sindacati che si pronunciarono negativamente circa la psicotecnica, ritenuta strumento negativo per i

9 A. Gemelli, *Ricerche sperimentali sulla forma dei movimenti volontari*, Scuola Tipografica Pio X, Roma 1929, pp. 270-274.

lavoratori e positivo per gli industriali, oltre alla scarsità di studi sulla psicologia non solo in Italia ma anche nel resto del mondo, non furono né condivise, né applicate. In effetti nelle sue prime espressioni la psicotecnica, in ambito industriale, fu uno strumento utilizzato a discapito degli operai, pensati solo come un numero attraverso il quale l'imprenditore poteva raggiungere la massima produzione. Questa concezione così negativa e, per certi versi, riprovevole del lavoro nelle fabbriche, è presente ancora oggi, dal momento che la maggior parte delle aziende tende a raggiungere il massimo profitto, disinteressandosi del modo e del mezzo necessari per tale obiettivo, purché si raggiunga; conseguenze di tale comportamento sono le molte morti bianche sul lavoro, lo stress da fabbrica, i disturbi psichici oltre agli scioperi che caratterizzano ormai il panorama industriale[10].

Ritornando al Nostro, dopo il periodo di crisi che attraversò la psicotecnica, intorno agli anni 90' egli caparbiamente riuscì nell'impresa di dimostrare come gli studi sulle applicazioni psicotecniche riguardanti il lavoro, avessero raggiunto risultati nettamente più positivi di quelli avuti in passato. In effetti, per raggiungere tale scopo, il Gemelli si adoperò sia nella ricerca di strumenti scientifici che fossero utili alla causa, sia nella formazione di collaboratori che avrebbero dovuto aiutarlo nell'applicazione dei suoi studi psicotecnici. Una conquista di particolare

10 F. Avallone, A. Paplomatas, *Salute organizzativa. Psicologia del benessere nei contesti lavorativi*, Cortina Raffaello, Milano 2005, p. 25.

importanza fu l'accettazione da parte degli industriali dell'inserimento di psicologi all'interno delle loro aziende, i quali ebbero il gravoso compito di selezionare gli aspiranti lavoratori. Padre Agostino al riguardo pronunciò delle riflessioni sia positive che negative; affermò con entusiasmo come l'idea dell'introduzione della psicologia nell'ambito del lavoro fosse proficua per il benessere dei lavoratori e per il raggiungimento della produzione ottimale. Non così entusiasta fu riguardo ai test mentali, giudicati dal religioso inidonei per conoscere la personalità di un individuo.

Il lavoro degli psicologi doveva porre attenzione, in particolar modo, all'ambiente in cui i lavoratori si relazionavano tutti i giorni, cercando di scovare problemi, che intralciavano ovvero rendevano la mansione in azienda difficoltosa, e alla risoluzione di questi ultimi per armonizzare il più possibile il rapporto uomo - lavoro[11]. Conseguenze delle problematiche lavorative di qualsiasi natura, sia dal punto di vista economico che ambientale, furono gli scioperi; ed è proprio a questi che il Gemelli volle arrivare, allo sciopero che i lavoratori attuavano come conseguenza di un malessere che certo i test mentali non potevano evidenziare e curare e che, invece, l'attività ben indirizzata degli psicologi, come detto dal nostro medico, poteva risolvere. L'individuo, dunque, doveva essere aiutato ad entrare attivamente nelle dinamiche

---

11 Sulla psicotecnica applicata all'industria cfr. A. Gemelli, "La psicotecnica al bivio di fronte ai problemi sociali del lavoro", in *Vita e Pensiero*, XXXVI, 6 (1950).

dell'azienda, a sentirsi parte integrante della società industriale e a non sentirsi come un oggetto da usare per il raggiungimento di un determinato scopo.

L'azienda, invece, doveva fungere come una famiglia, una buona famiglia che andasse incontro alle sue problematiche e, confrontandosi con le sue parti, cercasse di risolverle. Oltre all'operaio, la psicologia doveva abbracciare anche l'attività dell'imprenditore, nell'indagare malesseri e problematiche riguardanti il profitto, le incertezze, le risorse umane o altro che potessero attanagliare la sua vita aziendale e risolverli, dandogli la serenità adeguata e necessaria che un ruolo così stressante, se pur appagante, doveva acquisire.

Solo con questo metodo si poteva creare una connessione efficiente tra ambiente - lavoratore - impresario che avrebbe potuto dare un impulso positivo al mondo industriale. Il Gemelli, quindi, attraverso queste analisi provò come la psicotecnica avrebbe potuto sfuggire dalle sue ombre negative, dalle sue applicazioni in ambito lavorativo troppo superficiali, vestendo i panni di uno strumento sociale, portatore di benessere per l'operaio e in generale per tutto l'ambiente-industria[12], ed essere utilizzato per il bene comune e non più per il bene di un solo individuo (impresario).

A tal proposito egli affermò:

---

12 Cfr. ID., "Nuove idee e nuove proposte sulla organizzazione del lavoro industriale", in *Vita e Pensiero*, XXXIII, 8 (1947).

«*Io ritengo che le scienze del lavoro possano realmente dire, nei conflitti del lavoro che caratterizzano la vita della moderna industria, una parola a vantaggio degli operai; questa parola deve essere ascoltata sia da tutti coloro che traggono vantaggi dal lavoro, in primo luogo dai datori di lavoro, sia da coloro ai quali tocca o per l'ufficio che occupano, o per la missione che svolgono nella società, il compito di predisporre gli ordinamenti strutturali ed istituzionali della società*[13]».

Le sopracitate concezioni, riguardanti il tipo di legame utile tra operaio-impresario, si ritrovano all'interno della corrente concernente le applicazioni psicologiche sul lavoro, lo *Human Relations Movement*, ispirato all'idea di Mayo[14]. Successivamente ai pensieri dello psicologo australiano, padre Gemelli promulgò un suo pensiero di relazione umana[15], una tecnica sociologica, da cui scaturiva l'importanza data all'individuo, nella fattispecie all'operaio che doveva essere difeso dalla fredda politica aziendale, in cui gli psicotecnici dovevano svolgere un ruolo fondamentale, ossia quello

13 ID., *L'operaio nell'industria moderna*, Vita e Pensiero, Milano 1946, p. 386.

14 Dagli studi di Mayo, il quale metteva in evidenza la necessità di tener in debita considerazione accanto all'organizzazione formale, voluta dall'impresa, l'organizzazione informale, definita dai lavoratori, il movimento delle *Human Relations* assunse come obiettivo principale lo studio del gruppo, del suo funzionamento, delle dinamiche presenti al suo interno, del suo rendimento.

15 E. Spaltro, "Le vedute critiche di A. Gemelli intorno al problema delle relazioni umane", in *Rivista Internazionale di Scienze Sociali 047*, V (1959), pp. 421-444.

di risolvere i problemi derivanti da tale ambito relazionale. Nonostante la psicotecnica fosse considerata uno strumento risolutore di alcune problematiche, essa non bastava per migliorare i rapporti tra i vari soggetti del lavoro d'impresa; bisognava ricorrere al concetto di relazione umana intesa come valore sociologico caratterizzato da fattori sia sociologici che psicologici, criticando fortemente l'impostazione di chi sosteneva questo suddetto concetto come mezzo risolutore riguardante gli ambiti della produzione ed economico.

Agostino Gemelli, in breve, mirava ad una trasformazione dell'atmosfera all'interno dell'azienda attraverso differenti canali del sapere, fra i quali certamente la psicologia avrebbe avuto un ruolo considerevole associata all'economia, alla sociologia e alle scienze del lavoro.

Un'ultima considerazione, a riguardo, va all'individuo-lavoratore, il quale secondo il nostro psicologo, doveva essere considerato operaio dall'azienda solo nell'orario lavorativo, lasciandogli il resto della giornata libero di compiere le attività e le azioni che ogni lavoratore preferiva compiere, libero da vincoli industriali, ricordando che anche tale categoria di individui faceva parte della società, con valori e bisogni, e, dunque, richiedeva anch'essa una vita privata senza alcuna influenza esterna.

1. 3 Applicazioni psicologiche nell'orientamento scolastico e professionale.

In generale, l'orientamento professionale è considerato come ricerca del lavoro più idoneo per un individuo in base alle sue attitudini, sia fisiche che psichiche[16]; anche in questo campo, il nostro religioso si adoperò con studi e ricerche scientifiche per formulare una propria idea di orientamento dei giovani.

«Nell'evoluzione delle ricerche si è venuto chiarendo che il problema dell'orientamento degli uomini sia nella scuola che nella professione è intimamente connesso con il problema della loro formazione e preparazione[17]»; con queste parole, il Gemelli affermò come procedere per la risoluzione della questione dell'orientamento, associandolo all'indispensabilità di una certa preparazione per poterlo analizzare e comprendere in relazione alla questione della formazione personale.

Da subito, il Nostro avvertì la necessità di studiare la questione non più in riferimento al singolo, all'individuo in sé, ma sul piano sociale, mettendo in relazione gli interessi e la personalità del giovane con le aspettative della collettività. I metodi per orientare i ragazzi,

16 C. Castelli, C. Ancona, *Il Bilancio di Competenze nell'orientamento e nella formazione continua*, I.S.U. Università Cattolica, Milano 1998, pp. 12-25, 31-37.

17 A. Gemelli, *L'orientamento scolastico e professionale dei giovani* in *Atti della XXVIII Settimana sociale dei cattolici d'Italia, Trento, 25 settembre – 1 ottobre 1955*, Icas, Roma 1956, pp. 88-89.

dunque, furono caratterizzati dal comprendere le loro inclinazioni ovvero le loro tendenze per indirizzarli verso lavori ad essi compiacenti. Secondo Gemelli, gli interessi svolgevano un ruolo fondamentale, poiché se un individuo aveva delle carenze attitudinali rispetto ad una certa mansione, potevano essere colmate da essi. L'altro elemento che prevalse sulla ricerca delle attitudini, utile per la selezione, fu lo studio della personalità che influenzava gli esiti dell'orientamento, che, a sua volta, doveva tener conto dei cambiamenti che si verificavano durante l'evoluzione dell'individuo; le direttive che scaturivano da tali analisi non dovevano valere soltanto una volta, ma dovevano tener presente il mutamento della personalità, condizionata dalla famiglia, scuola e società e delle capacità e comportamenti. Il fattore P (personalità dell'individuo) doveva essere analizzato attraverso lo studio, dal punto di vista sociale, dell'ambiente dell'individuo e quello in cui avrebbe lavorato, creando un rapporto ottimale tra gli interessi e i bisogni della società e quindi adattando la persona all'interno di quest'ultima[18].

Luogo di studio e analisi di suddetti fattori è la scuola, in quanto luogo ottimale per l'osservazione delle tendenze del giovane[19]. A tal proposito, il Nostro notò

---

18 Avallone, Paplomatas, *Salute organizzativa… op.cit.*, p. 29.

19 Già Èdouard Claparède nel suo scritto *La scuola su misura* del 1921 considerava una nuova organizzazione della scuola che consentisse di far sviluppare liberamente le diverse attitudini e capacità individuali.

come l'istituzione scolastica contribuisse all'orientamento professionale, essendo esso stesso una continuazione dell'orientamento scolastico, sottolineando l'importanza dell'orientatore, il quale avrebbe dovuto possedere una preparazione psicologica idonea a tale compito; dunque, avrebbe dovuto osservare nell'evoluzione della personalità dell'individuo le sue attitudini, cercare di sviluppare le sue capacità per poterlo consigliare successivamente nelle sue azioni.

Oltre alla scuola concorrevano all'orientamento della persona anche gli psicologi, i sociologi, i medici, ma soprattutto i centri di orientamento e la famiglia. I centri di orientamento, sosteneva Gemelli, fungevano da raccordo e raccoglitore delle informazioni riguardanti l'individuo, informazioni scaturite dai soggetti partecipanti all'orientamento, relazionandole ad altre informazioni riguardanti il sociale. Ponendosi il problema riguardante la scarsità delle informazioni che poteva verificarsi a causa delle mutazioni sociali ed economiche, il Nostro sostenne la presenza di un'istituzione centrale di orientamento professionale che riuscisse a disporre delle informazioni in base alla trasformazione continua del mondo del lavoro, che doveva erogare consigli riguardo all'avvenire del giovane, astenendosi, allo stesso tempo, dal trasformare tali consigli in obblighi. Anche la famiglia svolgeva un ruolo fondamentale per il futuro del giovane, aiutandolo nello sviluppo degli interessi, senza condizionarlo nelle scelte, poiché ogni individuo ha il diritto di scegliere liberamente e quindi di formare un proprio futuro, giusto o sbagliato che sia.

1. 4 Applicazioni psicologiche in campo militare.

Tra l'anno 1915 e 1917, Agostino Gemelli, divenuto ufficiale medico ed ottenuta la direzione del Laboratorio di Psicofisiologia del Comando Supremo, derivante da una collaborazione con quest'ultimo, compì osservazioni e studi sull'attività psichica del militare direttamente sul campo di guerra.

Egli, infatti, affermò che per poter approfondire in maniera esatta i comportamenti del soldato in guerra, percependo come viveva la battaglia dal punto di vista psicologico, scovando le sue paure e sensazioni, bisognava inserirsi in prima persona nel contesto, analizzarlo da vicino e diventare uno di loro; pensieri che si annidano nelle sue parole:

«*Ho procurato di passare, accanto a lui, nella prima linea, e le ore snervanti di attesa e quelle epiche della prova, ho segnato nei miei taccuini anche le più semplici frasi che coglievo sul suo labbro: ho voluto mettere nella loro luce anche quelle tendenze riprovevoli che il nostro soldato presenta e che sono l'effetto della sua vita anteriore*[20]».

Quindi Agostino ebbe il coraggio e il merito di <u>affrontare questa esperienza</u> in maniera diretta, sul

20 A. Gemelli, *Il nostro soldato. Saggi di psicologia militare*, Treves, Milano 1917, p. 8.

campo, tra le fila dei soldati, elaborando degli scritti che rispecchiavano la realtà dei fatti, al contrario di coloro che studiavano e scrivevano a tavolino, affermando verità che non riflettevano l'esattezza e la realtà dei fatti.

All'interno dei suoi scritti sopracitati, tra i vari studi militari, egli analizzò la vita del soldato in trincea, rappresentandolo come un individuo assorto nei suoi pensieri, che aspetta il momento opportuno per assalire il nemico; scaturisce dalle osservazioni, come l'ora dell'attacco sia un momento delicato dal punto di vista psichico del soldato. Quest'ultimo dovrà prendere coraggio cercando di arrivare nella trincea nemica; il problema per il militare è quando la truppa nemica respinge l'avanzata, causando morti nel suo versante e quindi creando al suo interno scoramento, paure ed angosce che lo bloccano all'interno della sua trincea. Per scuotersi da questo stato di terrore, avrà bisogno di esempi di coraggio di un suo collega, ufficiale o semplice soldato che sia, che si immoli nella parte nemica, per far rigenerare nuovamente nella psiche del militare il coraggio di avanzare, rispettando gli ordini ricevuti. Questi esempi di soldati, al contrario di quelli che appunto hanno bisogno di stimoli per andare all'azione, hanno una personalità decisamente diversa; essi hanno metabolizzato la paura della morte, di essere colpiti e cadere al suolo, quindi avanzano sul versante nemico senza quell'angoscia di terrore.

Riguardo la personalità del soldato, il Nostro notò con curiosità e interesse, come si annullasse per divenire un individuo altro, sia nelle abitudini che nei comportamenti. In trincea, il soggetto cambiava, si distaccava dalla vita comoda e mondana che aveva al di fuori del campo di battaglia, vestendo i panni di un combattente che aveva solamente in mente la vittoria finale[21]. Egli praticamente smetteva di essere un individuo in quanto singolo e uomo per divenire parte di un tutto, di una batteria di soldati influenzati dai comandi che gli venivano dati. Durante le osservazioni, notò come alcune personalità, che chiamò eccezioni, erano caratterizzate da momenti di depressione che si manifestavano durante la vita in trincea, ma soprattutto dal rientro dei soldati dalle rispettive licenze; i suddetti turbamenti erano causati dal ricordo dei familiari, dal ritorno dalla vita normale a quella di combattimento. Solo in un secondo momento, all'incirca dopo qualche giorno, il militare ritornava allo *status* di combattente, distaccandosi progressivamente dai pensieri che causavano malessere, allontanando definitivamente da sé i pensieri sui familiari, sulla moglie, sui figli; una separazione parziale che era utile per diventare un buon soldato. Durante un colloquio tra un militare ed il Gemelli in riferimento ad una manovra d'assalto, il primo confermò come durante quei momenti non si pensasse alla famiglia ovvero agli amici, ma solo ad offendere il nemico senza alcun sentimento di pietà[22].

21 A tal proposito scrive il Gemelli: «*Il soldato cessa di essere "lui"; il suo "io" è un altro; la vita che egli conduce come soldato è una parentesi nella sua vita; essa non è la "sua" vita, ma un'altra vita alla quale annette scarsa importanza; quindi egli vive estraneo a se stesso*» in *Ibidem*, p. 103.

22 ID., *La psicologia dell'assalto*, in *Il nostro soldato... op. cit.*, p. 87.

La vita di trincea, insomma, smussava la personalità degli individui, mentre durante i momenti dell'assalto la risaltava, evidenziando le qualità personali dei combattenti[23].

Per quanto riguarda il cosiddetto "atto di coraggio", Gemelli, attraverso le sue indagini, appurò come il soldato che compieva tale atto, non doveva essere considerato un superuomo ovvero un individuo eccezionale, ma doveva essere considerato come una persona avente specifiche qualità morali, che utilizzava in certi momenti particolari della guerra, rimanendo pur sempre un soldato come tutti gli altri, ovvero un buon soldato. Egli osservò curiosamente come alcuni militari, che avevano compiuto azioni coraggiose, riconoscevano successivamente di averle compiute, mentre in altri non si aveva tale consapevolezza, non ricordando, addirittura, di averle compiute. Questo succedeva, spiegava il Nostro, a coloro che non avevano paura della morte, i quali affrontavano il pericolo come un dovere per la patria e rispetto dei comandi degli ufficiali, non considerando affatto il rischio di cadere in guerra.

Dalle testimonianze di alcuni ufficiali, padre Gemelli evinse come fosse importante guidare e preparare la truppa all'assalto del nemico per centrare l'obiettivo della conquista, attraverso metodi mirati a convincere il soldato sulla riuscita dell'azione. In particolare, ad esempio, ogni assalto doveva garantire ai soldati una meta vicina, non presentando direttamente l'obiettivo

---

23 *Ibidem*, pp. 81-88.

finale; i soldati dovevano essere rassicurati sul buon esito delle loro azioni cercando di infondergli, assalto dopo assalto, una sensazione di copertura, di protezione, come può essere il credere di camminare lontano dalla mina dei fucili nemici o simili. Da come si può ben capire, gli ufficiali lavorarono molto sulla psiche del soldato, sul loro modo di approcciarsi alla guerra, poiché capirono quanto fosse necessario trasmettere ai combattenti armonia, sicurezza e fiducia nei propri mezzi, essenziali per condurre le truppe alla vittoria.

Durante la permanenza di padre Gemelli nei campi di battaglia, presto fu considerato e nominato da alcuni soldati "medico carogna". Secondo le testimonianze di questi ultimi, ma non solo, il Nostro quando si trovava di fronte un soldato che chiedeva di essere visitato, affetto da schizofrenia o simili patologie derivanti dal turbamento della guerra, invece di prestargli aiuto e allontanarlo dalle trincee, momentaneamente o definitivamente, lo rispediva alle postazioni, giustificando la malattia come paura della guerra[24]. Il comportamento di Agostino Gemelli fu considerato sicuramente in maniera negativa in questo caso, sia perché era un uomo di chiesa, e quindi ci si aspettava comprensione, e sia perché da esperto psicologo poteva e doveva interrogarsi sulle stranezze psichiche dei soldati malati; una parziale discolpa può essere data dal fatto che, in quel periodo storico, non erano ancora

24 A. Nataloni, "Soldato di Dio o Ufficiale di Cadorna?", in *Bollettino SNO*, VIII (2012), pp. 9-11.

stati compiuti studi e indagini al riguardo del cosiddetto *shock* traumatico derivante dalla guerra, che causò tra le fila dei soldati centinaia di fucilazioni a causa delle molteplici diserzioni. Una domanda a questo punto può sorgere: "Come è possibile che un uomo, padre Agostino Gemelli, così preparato nello studio della psicologia e così attento ad analizzare i comportamenti umani nei vari ambiti lavorativi, possa aver sottovalutato i traumi di cui i soldati erano affetti?"; "Vi erano interessi maggiori a discapito delle malattie psichiche dei soldati dietro le sue scelte?"

STUDI E RICERCHE DI AGOSTINO GEMELLI NEL SETTORE AERONAUTICO

2. 1 La psicologia al servizio dell'aviazione.

Scandagliando tra libri, enciclopedie e riviste è possibile notare come il merito di aver introdotto la psicologia e i vari studi psicotecnici nel campo dell'aeronautica spetti al grande psicologo, Agostino Gemelli; egli fu il pioniere della cosiddetta "medicina aeronautica", assurgendola a scienza.

Attraverso il metodo scientifico, il Gemelli studiò sia l'ambiente di volo, analizzando i dati derivanti dalla relazione tra questi e il pilota, sia, appunto, il pilota stesso nei suoi comportamenti e nelle sue azioni, soffermandosi, attraverso uno studio brillante nonché unico sino ad allora, su uno degli obiettivi della psicotecnica da lui applicata al campo della selezione dell'aviatore.

Lo studio sulla psiche del pilota, dunque, iniziò con il Nostro, nel 1915, quando egli incominciò la sua opera di medico aeronautico, con il contributo di uno dei migliori piloti del tempo, Francesco Baralla. Nel suddetto anno egli compirà il suo primo volo che gli permetterà di intraprendere i suoi studi medici al riguardo, ma è, soprattutto, nel 1923[25] e successivamente nel 1935 che il Gemelli approfondì le sue analisi in volo per mezzo del bimotore da ricognizione utilizzato dalla regia aeronautica, in particolar modo durante la seconda guerra mondiale, il "Caproni Ca 310 Libeccio[26]", trasformato, poi, da egli stesso in un vero e proprio laboratorio al fine di analizzare ed osservare direttamente la condotta del pilota durante il volo, sia dal punto di vista fisico che psichico. Tali studi furono, successivamente, elaborati per essere utilizzati durante la fase di selezione dei candidati - aviatori, ma anche per la formulazione di un nuovo metodo di pilotaggio; da evidenziare, a tal proposito, come l'attività di ricerca del Nostro sia servita e serva ancora oggi per la formazione di un buon aviatore.

Agostino Gemelli, si ricordi che, oltre ad essere psicologo fu anche un religioso, uno dei tanti ecclesiastici che fin dai tempi dell'imperatore romano

25 Nel 1923 Padre Gemelli svolse l'attività di osservatore medico a bordo dei Caproni Ca 3 del 1°, 2° e 7° Stormo caccia e bombardamento, basati sul campo di Loante Pozzolo, vicino a Malpensa.

26 M. Ferrari, *Le ali del ventennio: l'aviazione italiana dal 1923 al 1945. Bilanci storiografici e prospettive di giudizio*, Franco Angeli, Milano 2005, pp. 191-194.

Costantino collaborarono con lo Stato e, dunque, con i vari eserciti che si sono succeduti nel tempo per fornire un'assistenza spirituale ai militari, ma fu anche il primo ed unico ecclesiastico, sino a quel momento, a compiere analisi psicologiche dettagliate sull'esercito "di terra e di aria" (definizione coniata *ad hoc* a seguito della prima guerra mondiale).

Prima del Gemelli, non un presbitero, ma un fisiologo laico italiano compì nel 1894 studi scientifici su dieci militari alpini sulle Alpi, Angelo Mosso[27]. Durante questo lavoro, il Mosso osservò ed analizzò il comportamento dei predetti alpini, le loro azioni e le loro vicissitudini riguardanti la vita di montagna. Da questi studi nacque una delle sue opere più importanti, *Fisiologia dell'uomo sulle Alpi* (1897) in cui sono raccolti dati e indagini scaturiti dall'esperienza alpina riguardo le reazioni fisiologiche del corpo umano in alta quota[28].

Un altro studioso laico che realizzò studi psicologici in ambito militare fu lo psichiatra italiano Giulio Cesare Ferrari (1867-1932). Nella *Rivista di psicologia* del 1915, egli rese noti gli studi e le osservazioni effettuate su militari, in particolare, le riflessioni sulla psiche del combattente nell'assalto al nemico; queste saranno successivamente contrastate dalle idee e indagini compiute dal Gemelli. Il Ferrari, infatti, affermò che i

27 F. Morgantini, "Angelo Mosso e la preistoria nel Mediterraneo. Uno scienziato prestato all'archeologia", in *Quaderni del Bobbio*, IV (2012-2013), pp. 84-85.

28 *Ibidem.*

soldati in procinto di attaccare il nemico erano entusiasti e frenetici nel farlo, mentre il Nostro notò come i militari non fossero tanto eccitati nel fare ciò, tranne alcune eccezioni, e che, anzi, si veniva a creare tra loro un'atmosfera di malessere, un malumore generico. Poco tempo dopo, lo psichiatra ravvide le sue iniziali affermazioni, osservando come la voglia e la volontà di attaccare si affievoliva con il passare dei giorni, mesi ed anni, risultando, così, esatte le riflessioni del Gemelli[29].

Una *protoforma* di psicologia applicata ai soldati può essere considerata l'azione redentrice e di assistenza spirituale compiuta, come già accennato precedentemente, sin dall'epoca costantiniana dagli ecclesiastici nei confronti dei militari, dei combattenti a cui essi si rivolgevano per influenzarli nella scelta della religione cristiana e per allietarli sia nell'animo che nella mente cercando di risolvere problemi di qualsiasi natura, compiendo, così, un vero e proprio lavoro *confessionale* sulla psiche.

Gli studi psicofisici sugli aviatori, invece, furono effettuati dal Nostro in uno specifico laboratorio, divenuto successivamente centro di ricerca, di controllo medico e selezione dei piloti, istituito da egli stesso presso il Comando Supremo durante la prima guerra mondiale. Grazie alla suddetta mole di studio circa la fisiopatologia e al successo di un Convegno di Medicina Aeronautica svoltosi a Milano nel 1937, vennero fondati

---

29 Passione, *Le origini della… op. cit.*, pp. 186-189.

un Centro di Studi e Ricerche di Medicina Aeronautica a Guidonia e due Centri Sussidiari, rispettivamente, a Torino e a Milano, presso il Laboratorio di Psicologia Sperimentale dell'Università Cattolica del Sacro Cuore, affidato, quest'ultimo, al Gemelli, il quale effettuò studi di psicologia applicata all'aviazione[30]. Scaturirono da questi studi, elementi e dati che furono utilizzati per la realizzazione di un contributo, inserito in un Trattato di Medicina Aeronautica, con la collaborazione di altri due studiosi, Monaco e Margaria e con il contributo di ufficiali del Corpo Sanitario Aeronautico. Suddetto trattato fu ed è ancora oggi considerato l'apice delle ricerche, delle osservazioni ed approfondimenti riguardanti la psicologia applicata all'aviazione[31].

Il Nostro fu talmente interessato agli studi psicologici dei piloti che propose di istituire presso le Università, l'insegnamento di medicina aeronautica; questa fu una speranza e un desiderio che non vide esauditi nella sua vita, ma che successivamente, nell'anno 1963, trovò risposta presso l'Università di Roma attraverso la costituzione di una Scuola di Specializzazione di medicina aeronautica.

---

30 T. Lomonaco, *Agostino Gemelli, pioniere degli studi di medicina aeronautica in Italia*, in AA. VV., *Padre Gemelli e la medicina aeronautica*, Vita e Pensiero, Milano 1965, pp. 9-13.

31 P. Tosco, "Cento anni di volo in Italia: Medici per l'Aeronautica", in *Giornale di Medicina Militare*, CLIX, 2 (2009), pp. 138-139.

2. 2 Osservazioni scientifiche sulla relazione tra il pilota e il volo.

Come si è affermato nel capitolo precedente, Agostino Gemelli attuò indagini e ricerche dal punto di vista psicologico e psicotecnico nella sfera dell'aviazione. La sua passione verso il mistero della psiche umana lo portò, pertanto, ad analizzare il fattore umano anche nel suddetto campo[32]. A tal proposito, curioso è come il Nostro si sia approcciato agli studi psicologici sull'aviatore; egli, infatti, affermò come lo stimolo ad eseguire tali ricerche in questo ambito fu conseguenza, durante la prima guerra mondiale, della vista di un aereo austriaco che sbagliò la lettura delle coordinate di rotta e, invece, di atterrare sul suolo austriaco lo fece in quello italiano[33]. A differenza, dunque, delle altre ricerche nei vari campi del lavoro, come l'industria, compiute secondo le sue prospettive, senza una causa che lo inducesse ad eseguire certe analisi, gli studi applicati all'aviazione furono studi generati, o meglio causati da un movente, quello, appunto, dello sbaglio del pilota austriaco.

---

32 G. M. Genga, "Il fattore umano nel volo e la questione della soddisfazione", in *Giornale italiano di medicina aerospaziale*, VII (2012), pp. 68-69.

33 L. Ancona, *Contributo di A. Gemelli al progresso della psicologia generale e di quella aeronautica*, in AA. VV., *Padre Gemelli e la medicina aeronautica*, Vita e Pensiero, Milano 1965, p. 32.

Il Nostro intendeva risolvere i problemi dell'aviatore legati alla fisiologia e alla psicofisiologia durante il volo e, successivamente, ideare una tabella ovvero un prospetto standard plasmato sui dati, che provenivano da tali ricerche, che servisse per selezionare tra gli aspiranti candidati al posto di pilota di aerei, quelli più idonei alla causa.

Prima degli studi sull'aviatore, Gemelli si dedicò ad analizzare l'ambiente di volo, sede del pilota. Innanzitutto fece una distinzione tra ambiente vitale e ambiente operativo; il primo riguardava l'aspetto fisiologico dell'aviatore, mentre il secondo l'aspetto psicologico.

Dal punto di vista fisiologico, tra le varie osservazioni analizzò postosi "accanto al soggetto da esaminare,... il polso, il respiro e la pressione sanguigna e le loro modificazioni durante il volo stesso[34]" attraverso una strumentazione apposita che egli portò all'interno dell'abitacolo dell'aereo trasformandolo in vero e proprio laboratorio scientifico[35]. Tali apparecchiature furono la cosiddetta "capsula di Marey", utile per la misurazione della pressione atmosferica che interagiva con un pneumografo e con altre capsule utilizzate per la

34 A. Gemelli, *Sull'applicazione dei metodi psico-fisici dei candidati all'aviazione militare: relazione di ricerche sperimentali compiute per incarico del Ministero della guerra presentata al Congresso della Società per il progresso delle Scienze*, Vita e Pensiero, Milano 1917, pp. 7-8.

35 ID., *Riassunto di alcune indagini sulla psicofisiologia degli aviatori compiute nel Laboratorio di psicofisiologia del Comando Supremo*, Vita e Pensiero, Milano 1921, pp. 26-30.

misurazione dei cambiamenti dei dati del polso registrati su una striscia di carta sulla quale le suddette macchine, per mezzo di una leva scrivente, comunicavano le loro misure. Gemelli, inoltre, associò questi dati con la misurazione di altri dati provenienti dal calcolo della curva del tempo attraverso un altro apparecchio, lo sfigmomanometro, strumento utilizzato per la misurazione della pressione arteriosa. Da tale associazione scaturirono diverse riflessioni del Gemelli: riferendosi ai dati derivanti dal calcolo della pressione sanguigna, egli poté notare come quella massima diminuiva durante i voli veloci fino ad un certo livello di atmosfera e nei momenti di discesa, mentre aumentava da una certa altezza in poi; ravvisò, invece, una diminuzione di pressione minima nelle ascensioni del velivolo ed un aumento nelle manovre di scesa; infine, osservò come i valori di pressione media diminuivano durante le direzioni di salita ed aumentavano nelle operazioni di discesa.

Rilevazione importante fu l'esame della pressione dopo i cambiamenti bruschi di direzione sia verso l'alto che verso il basso con notevoli accelerazioni; lo psicologo attestò un sostanziale abbassamento della pressione arteriosa che indicava un considerevole sforzo da parte del pilota nell'adattarsi ai repentini cambiamenti ambientali. Dalle considerazioni dei dati provenienti dal polso emerse come sia durante le direzioni verso l'alto, all'aumentare del livello di altitudine, e sia verso il basso le pulsazioni aumentavano, mentre in un volo stabile la frequenza delle pulsazioni era altrettanto regolare.

Inoltre, per quanto riguarda la respirazione in volo, il Nostro ribadì come, durante il volo, l'aviatore avesse un'accelerazione della respirazione fino ad una quota di 1800 mt; oltre questo livello il respiro diminuiva di frequenza, per poi riaccelerare di nuovo nelle discese. Tra le varie considerazioni riguardo la respirazione, egli affermò come le correnti d'aria ovvero i venti potevano creare nei piloti disturbi respiratori e non solo; quest'ultimi, inoltre, potevano derivare da una scorretta postura della testa e, dunque, era necessaria da parte del pilota una maggiore accortezza nei riguardi della posizione del capo.

Un'altra importante considerazione in ambito fisiologico fu l'indagine, sempre durante il volo, delle malattie dei piloti[36]. Da suddetti rilievi scaturiti dopo l'esame del personale di volo, il Gemelli affermò che una piccola percentuale degli esaminati erano colpiti da una vera e propria malattia da volo, mentre la maggior parte di loro si dichiarava malata o perché era stanca della vita aeronautica e voleva distaccarsi da essa o, dopo aver provato cosa significava combattere in guerra e rischiare la propria vita, cercava di congedarsi fingendo di soffrire di disturbi. Egli poté rilevare che i primi, i quali effettivamente soffrivano di una vera e propria sindrome da volo, erano coloro che avevano subito shock emotivi, ad esempio, derivanti da una battaglia nei cieli o da episodi negativi. In questo modo il Nostro contrastò la tesi di altri studiosi, i quali affermavano che la patologia degli aviatori nel volo era

36 *Ibidem*, pp. 37-40.

simile e paragonabile alla sindrome della montagna, la cui causa derivava dalla pressione atmosferica, sconfessata in seguito dallo stesso Gemelli (la sindrome, infatti, non compariva nei piloti che volavano a quote elevate).

Come accennato in precedenza, oltre agli studi fisiologici Agostino Gemelli compì analisi, anche, in campo psichico. Tra le varie osservazioni riguardanti l'aviatore in volo dal punto di vista mentale, lo psicologo esaminò l'apprendimento in volo. L'aviatore per apprendere le nozioni di pilotaggio, come l'esecuzione di manovre precise, oltre ad essere affiancato a bordo dall'istruttore, che dovrà correggere eventuali errori, avrà bisogno del connubio tra i suoi sensi ed i dati forniti dalla strumentazione di bordo; anche se, come attestò il Nostro, i dati rilevati dai suddetti apparecchi, potevano passare in secondo piano, quando il pilota volava in condizioni di standard visibilità, ad esempio, senza nuvole o prive di temporali cosicché riusciva a riconoscere il terreno senza avvalersi delle informazioni dategli dalle apparecchiature[37]. Ma quando le condizioni atmosferiche erano proibitive, egli doveva basarsi esclusivamente sui dati strumentali; dunque, colui che governava l'aereo doveva saper leggere quest'ultimi apprendendone l'uso delle varie apparecchiature. Lo studio di tali nozioni, come sottolineò il Gemelli, talvolta può incontrare delle

37 A. Gemelli, *La psicologia del pilota di velivolo*, in A. Monaco, A. Gemelli, R. Margaria, *Trattato di Medicina Aeronautica*, Ufficio Editoriale Aeronautico, Roma 1942, pp. 99-117, 143-145.

barriere originate sia dalla scarsa intenzione di apprendere e sia dal voler imparare nel più breve tempo possibile portando, così, gli aviatori ad esecuzioni di manovre errate. Quindi, era necessario identificare, tramite selezione, coloro che avevano le attitudini e, di conseguenza, una buona manualità per poter condurre un aereo. Molto importante, a tal proposito, fu la ricerca di un metodo idoneo a verificare il grado di attenzione del pilota nell'apprendere i concetti; esso consisteva nel far scorrere dinnanzi agli occhi dell'aviatore, utilizzando il "tachistoscopio di Netschajeff" (Fig. 1), delle figure caratterizzate tra di loro da uno o più particolari, che egli doveva focalizzare.

Fig. 1

Soffermandosi sulla tensione psichica[38], costituita dalla concentrazione del pilota nel compiere un preciso compito, il Gemelli affermò che il grado di tale tensione poteva essere minimo o massimo; minimo quando l'aviatore volava in condizioni ambientali normali, per cui la sua attività psichica non richiedeva una maggiore concentrazione ed attenzione nei movimenti, condizioni che si verificavano, invece, quando il livello di tensione era massimo.

Collegati alle indagini sulla tensione psichica furono gli studi eseguiti sugli stati emotivi del conduttore di aerei, che si diversificavano, anche in questo caso, in base alle situazioni di volo, ovviamente piacevoli in situazioni normali e spiacevoli in quelle critiche. Oltre alle suddette condizioni, la tranquillità emotiva di un pilota era influenzata anche dalla vita privata, da cosa mangiava o simili; per queste ragioni egli doveva essere molto attento all'alimentazione e non farsi condizionare dai problemi della vita quotidiana. Mentre paure ed angosce tendono a verificarsi durante condizioni atmosferiche instabili o all'emergere di problemi legati alla meccanica dell'aereo, una vera e propria patologia vi si riscontra negli individui già predisposti a traumi legati al volo, derivanti, ad esempio, dal grado di tolleranza ai rumori, al freddo, ecc., oppure dai voli ad alta quota che influenzano i riflessi del pilota fino a portarlo ad una paralisi completa (quota oltre 5000-6000 mt).

---

38 ID., *Riassunto di… op. cit.*, pp. 17-19.

Una delle tante malattie psichiche legate al volo che hanno interessato lo studio del Gemelli è la "aeroneurosi[39]", patologia fondata su un disturbo all'inizio gastrico, come egli attestò, per poi svilupparsi in sintomi che variavano da soggetto a soggetto; come casi in cui l'individuo, pur essendo rabbioso, affermava di non soffrire di nulla, quando, in realtà, era violento e non sopportava nessuno. Essenziale, in questi casi, era il lavoro del medico che doveva convincere il pilota affetto nel credere nei suoi mezzi cercando di guarirlo.

Altre ricerche, anch'esse da non sottovalutare, condotte dal Gemelli, riguardavano le cause che portavano all'affaticamento del pilota; tra i molteplici motivi si evidenziavano le distanze lunghe da percorrere, i vari stati di temperatura e l'importanza della missione.

Suddetti studi, come si è affermato in precedenza, furono compiuti intervistando ovvero esaminando i piloti che, uno dopo l'altro, si prestavano alle ricerche del Gemelli. Quest'ultimo utilizzò per registrare e riprodurre interviste, colloqui e suoni il cosiddetto "registratore a filo" (Fig. 2), antenato del "registratore a nastro magnetico", che permetteva di incidere su un filo d'acciaio le sopracitate interviste.

---

39 ID., *La psicologia... op. cit.*, p. 211.

Fig. 2

2. 3 Studio psicotecnico di dati derivanti da infortuni aeronautici.

Durante gli studi compiuti in ambito aeronautico, Agostino Gemelli si soffermò ad analizzare particolari dati provenienti dagli infortuni aeronautici legati alle linee civili commerciali ed al traffico aereo privato scaturiti negli Stati Uniti d'America tra il 1928 - 1937. Egli confrontò gli incidenti derivanti dalle due rotte, private e commerciali, focalizzando la sua attenzione sulle cause che determinarono gli incidenti aerei, evidenziando una disparità di percentuali assai rilevate, dal punto di vista del fattore umano. Gemelli, infatti, si accorse come il quoziente nelle cause degli infortuni originati dai piloti, che percorrevano rotte commerciali, era molto inferiore rispetto a quello di coloro che pilotavano aerei privati. La ragione della differenza dei dati era da imputare allo sviluppo delle attitudini dei piloti al volo e alla scarsa attenzione nell'eseguire le procedure utili e vitali per volare. Condizioni necessarie che avevano i piloti di rotte commerciali, i quali venivano sottoposti a scrupolosi accertamenti continui, al contrario dei piloti di aerei privati ai quali, per alzarsi in volo con il proprio aereo, bastava possedere solamente la licenza di volo, senza effettuare un controllo preventivo delle loro attitudini. A tal proposito il Gemelli affermò:

«Il numero degli infortuni nel volo dei privati, ad onta dei progressi tecnici compiuti, non è diminuito; la causa di questo fatto si deve ricercare nella libertà lasciata negli Stati Uniti d'America ai privati di volare senza preventiva selezione medica e psicotecnica e senza controllo medico e psicotecnico successivo[40]*»*.

Egli, dunque, sosteneva una continua vigilanza da parte del medico sul pilota di aerei, sia commerciali che privati, verificando nel tempo la sufficienza o meno delle sue attitudini e sorvegliandolo a livello comportamentale.

---

40 *Ibidem,* p. 241.

2. 4 Applicazione psicotecnica sull'aviatore: la selezione.

Curiosa è la storia che ha caratterizzato la selezione degli ufficiali nel mondo militare, che contraddistinse, in particolar modo, l'Italia dal Settecento fino ai giorni nostri. Mentre nella penisola italiana ai tempi del Gemelli, la selezione era aperta a tutti i ceti, abbienti e meno abbienti, attraverso la quale si attestava la validità del candidato, nell'Italia settecentesca, invece, il reclutamento non era accessibile a tutti indistintamente, ma solamente a coloro che appartenevano ad un ceto elevato e possedevano una buona cultura[41].

Sottoporre a selezione i candidati aspiranti al pilotaggio di aerei militari, dunque, non fu un'idea generata dal Gemelli; infatti, già da qualche decennio tale procedura si praticava in alcune nazioni, anche se la scelta del personale scaturiva soltanto da indagini fisiologiche, atte a riscontrare eventuali menomazioni fisiche[42].

La bravura e l'ingegno del Nostro fu nel respingere, per primo, l'idea di una selezione basata esclusivamente sugli esami fisiologici e raccomandò la necessità di non soffermarsi soltanto su questi ultimi ma di scandagliare anche nella sfera psichica, attraverso uno studio psicotecnico. Insomma egli predicava un connubio tra i

---

41 M. Ferrari, F. Ledda, *Formare alle professioni. La cultura militare tra passato e presente*, Franco Angeli, Milano 2010, pp. 160-162.

42 Gemelli, *La psicologia… op. cit.*, p. 239.

due campi, fisiologico e psichico, utile a perfezionare la fase di selezione preesistente, dando rilevanza alle cosiddette attitudini, alle capacità, dunque, di un individuo di svolgere un tipo di mansione, in questo caso il pilotaggio[43].

Come si è già esposto nei paragrafi antecedenti, il Gemelli si servì di un laboratorio in cui eseguì molti dei suoi studi ed analisi sui piloti, successivamente divenuto centro di selezione degli aviatori. La scelta di questi ultimi divenne l'oggetto della psicotecnica grazie al contributo di Agostino Gemelli, il quale, attraverso le sue applicazioni, influenzò la preferenza dei candidati. Pertanto, oltre l'ambito industriale nonché scolastico e professionale si avvalse della psicotecnica anche il campo della selezione. Suddette applicazioni, derivanti dalla psicologia, avevano il compito sia di selezionare i candidati, sia di fornire i dati, gli elementi o meglio i metodi utili per la scelta del soggetto adeguato al compito, criteri che il Nostro utilizzò per limitare e far diminuire sensibilmente gli incidenti d'aereo causati dal fattore umano.

Riguardo agli obiettivi della psicotecnica nell'ambito aeronautico, il Gemelli affermò:

«Tre ordini di problemi si pongono alla psicotecnica di aviazione, cioè fare l'analisi psicologica dei compiti che il pilota di aviazione deve svolgere, e ciò per determinare quali attitudini sono indispensabili e caratteristiche per la guida di un aeroplano;

---

43 ID., "Osservazioni generali di psicotecnica sulla selezione dei piloti d'aviazione", in *L'Aerotecnica*, VII (1928), pp. 577-612.

diagnosticare l'esistenza di tali attitudini mediante alcuni testi che permettono di rilevare rapidamente l'esistenza di tali attitudini in un soggetto, e di determinare in quale grado egli possiede tali attitudini ed infine determinare se codeste diverse attitudini sono educabili e se si possono conservare[44]».

Da tali parole, dunque, si può desumere il pensiero gemelliano concernente la selezione; egli sottolineò il ruolo fondamentale della psicotecnica, assente nei scorsi decenni nella scelta del personale, dando importanza vitale al fattore psichico, rispetto a quello fisiologico, comunque presente nel vaglio degli aspiranti piloti. Alla base dei suoi studi psicologici, pertanto, vi era la ricerca delle attitudini, ossia la misurazione delle capacità di un individuo utili per una determinata mansione. L'importanza delle suddette nei diversi ambiti lavorativi era stata rimarcata, qualche anno prima, dal pedagogista Fritz Blattner, il quale sosteneva che:

«L'insieme delle attitudini acquisite, che rendono l'uomo capace di intervenire attivamente nell'ingranaggio del mondo, costituiscono la sua particolare maniera di contribuire alla formazione del mondo[45]».

In ambito aeronautico, Agostino Gemelli individuò le attitudini necessarie che un aspirante pilota doveva possedere per governare nel miglior dei modi un aereo, <u>sia in ambiente norma</u>le che in quello di

44 *Ibidem*, p. 582.

45 F. Blattner, *Storia della pedagogia*, Armando, Roma 1989, p. 293.

combattimento. I punti fondamentali delle sue "leggi attitudinali[46]" rappresentano la percezione del futuro pilota della posizione del proprio corpo rispetto a mete sia vicine che lontane, nonché un'adeguata attenzione nello svolgimento dei compiti assegnati e un'alta capacità di compiere determinate manovre attraverso movimenti abili, oltre a reggere ad eventuali stimoli emotivi, cercando di mantenere un comportamento equilibrato in presenza, ad esempio, di guasti all'aereo e di un caccia nemico.

Riguardo alla percezione era importante sottolineare i dati cosiddetti sensoriali, utili al pilotaggio dell'aereo; tra i vari dati, il Nostro evidenziò l'importanza di quello visivo, fondamentale per il mantenimento stabile dell'aereo, non sottovalutando, però, altri derivanti dal fattore muscolare e quello articolare, che contribuivano, anche se in misura minore, alla percezione della posizione del pilota costituendo la denominata *orientazione prossima*[47]. Mentre i dati sensoriali della vista provenivano dal guardare all'esterno del velivolo, ovvero dal visionare le misurazioni strumentali, quelli muscolari e articolari derivavano dai movimenti delle braccia e gambe occorrenti per lo spostamento del velivolo.

La sopracitata percezione oltre all'elemento visivo, e non solo, era influenzata anche dall'esperienza dell'aviatore nel pilotare un aereo; infatti, colui, che

46 Gemelli, *La psicologia... op. cit.*, p. 255.

47 *Ibidem*, p. 41.

portava con sé un bagaglio di voli cospicuo, manovrava il velivolo in maniera più corretta rispetto ad un individuo alle prime armi.

Riguardo all'esperienza e alla storia del pilota, il Gemelli contrastò la cosiddetta "teoria della Gestalt", progettata da un gruppo di psicologi, in Germania negli anni 20', i quali asserivano che la percezione non era minimamente influenzata dal passato, ma, essendo autoctona, si basava sugli stimoli, sugli input del presente[48].

Accanto all'orientazione prossima, vi era l'orientazione lontana, costituita dalla percezione del proprio corpo rispetto ad oggetti del mondo esterno e, caratterizzata dal fattore intellettuale[49]; ad esempio, durante un volo con visibilità scarsa era necessario capire cosa si riusciva ad intravedere e cercare, mentre si sorvolavano terreni, di riconoscere, in base ai colori e alle forme, i vari appezzamenti, strade, colture, ecc. Una peculiarità, dunque, dell'orientazione lontana era la rappresentazione del mondo propria del pilota, l'insieme delle conoscenze che aveva riguardo ad esso. In breve, il dato sensoriale visivo risultava fondamentale nella guida dell'aereo; infatti, in assenza di esso, come constatato dal Gemelli durante gli studi effettuati in

---

48 C. Branzaglia, *Comunicare con le immagini*, Mondadori, Milano 2003, pp. 15-16.

49 Cfr. A. Gemelli, *L'orientazione lontana nel volo in aeroplano*, Stabilimenti Poligrafici Riuniti, Bologna 1933.

volo, l'aviatore perdeva i riferimenti e, quindi, non riusciva a mantenere un assetto equilibrato del velivolo.

La percezione fu trattata, oltre che dal Nostro, da vari studiosi, uno dei quali è Gaetano Kanizsa (1913-1993), psicologo di origine italiana.

Fig. 3

Come si evince dal suo disegno (Fig. 3), Kanizsa, esponente della tradizione della Gestalt, volle dimostrare che la percezione non era solamente una questione legata ai fattori sensoriali, ma derivava anche da una codificazione della realtà, realizzata attraverso l'analisi della forma e l'elaborazione cognitiva.

Oltre alla percezione, un'altra attitudine necessaria, in ambito aeronautico, era l'attenzione[50], attraverso cui il pilota diminuiva le probabilità di compiere incidenti. Dunque, nei vari compiti che egli doveva adempire in

---

50 ID., *Osservazioni... op. cit.*, p. 588.

volo, come mantenere la rotta o verificare le misurazioni provenienti dagli strumenti di bordo, al futuro pilota necessitava avere un buon grado di attenzione che aumentasse o diminuisse in base alle circostanze in cui si sarebbe potuto trovare. "Di qui segue che egli deve essere fornito di una buona attenzione distributiva oltre che di un sufficiente grado di resistenza attentiva. Tale tensione dell'attenzione deve durare per un tempo abbastanza lungo e in certi voli di lunga durata per ore[51]". In verità, Agostino Gemelli si riferì alla suddetta attitudine non con il termine di "attenzione" ma con quello di "tensione psichica[52]"; egli sostenne che il primo concetto fu originato dalla psicologia passata e non corrispondeva a quei fattori psicologici ovvero a quella attività psichica, utile al pilota, che venne denominata da lui, appunto, tensione psichica.

Dell'attenzione se ne occupò anche un altro grande psicologo italiano citato nei precedenti capitoli, Sante de Sanctis[53]; quest'ultimo sostenne l'esistenza di due particolari tipi di attenzione che un individuo poteva esercitare, naturale e conativa: la prima si riferiva a quella quotidiana, che si ha, ad esempio, nell'ascoltare qualcuno o nel vestirsi; mentre la seconda si impiegava

---

51 *Ibidem.*

52 ID., *La psicologia… op. cit.*, p. 143.

53 G. Cimino, G. P. Lombardo, *Sante De Sanctis tra psicologia generale e psicologia applicata*, Franco Angeli, Milano 2004, p. 42.

quando un individuo si concentrava particolarmente su un compito, come avveniva, ad esempio, durante l'attività lavorativa. Come si può ben notare, de Sanctis, a differenza del Nostro, utilizzò per definire quella peculiarità psichica, non solo, appunto, mentale, ma anche muscolare, il termine "attenzione".

Ultime due attitudini, richieste ai futuri aviatori, erano la capacità di coordinazione delle articolazioni e il reggere alle emozioni. Riguardo al primo punto, l'aspirante candidato, perciò, doveva possedere una buona fluidità e cooperazione dei movimenti di braccia e gambe per governare il velivolo. A tal proposito il Nostro, per verificare l'abilità motoria e la precisione dei candidati nell'esecuzione di particolari movimenti, si avvalse di un'esclusiva macchina, creata da egli stesso, denominata "pursuimeter". suddetto studio psicotecnico si basava, dunque, su un apparecchio costituito da due volanti, uno dei quali era preposto all'aspirante pilota, il quale doveva correggere gli spostamenti e manovre sbagliate che derivavano dai movimenti dell'altro volante, congiunto con quest'ultimo. I movimenti dei due volanti venivano registrati, e da tali annotazioni si rilevava il livello di reazione dell'individuo[54].

Nel secondo ed ultimo punto l'aviatore doveva riuscire ad estraniarsi e, dunque, a non farsi influenzare, come detto precedentemente, dalle emozioni che poteva

---

54 Gemelli, *Osservazioni... op. cit.*, p. 604; per approfondire cfr. A. Gemelli, G. Tessier,, A. Galli, "La percezione della posizione del nostro corpo e dei suoi spostamenti. Contributo alla psicofisiologia dell'aviatore", in *Archivio Italiano di Psicologia*, I (1920), pp. 104-182.

suscitare il volo, in particolare, durante combattimenti o guasti all'aereo, da cui scaturivano ansie e timori che dovevano essere contrastati dal lavoro mentale dell'aviatore. Pertanto, i candidati che non avevano le sopracitate attitudini oppure non raggiungevano i livelli e gradi richiesti per poter diventare pilota, dovevano essere scartati dalla selezione.

A parte lo studio e la ricerca di quelle attitudini utili al pilota, Agostino Gemelli rivolse le sue indagini sia sui metodi più proficui attraverso cui selezionare gli aspiranti candidati al pilotaggio che nella scelta dei testi utili per selezionare una metodologia adeguata da attuare nella selezione; tra i vari testi sintetici, analitici ed empirici, il Gemelli indicò di optare per quelli analitici, applicati allo studio del fattore lavoro, analizzando i vari elementi che lo costituivano, in particolar modo le attitudini e, nonostante, secondo il Nostro fossero i più idonei per attuare la suddetta selezione, non bisognava tralasciare la consultazione degli altri testi[55]. Da questi ultimi il nostro scienziato determinò i cosiddetti "reattivi", ossia dei test che dovevano comprovare l'esistenza o meno delle attitudini richieste agli aspiranti piloti. A tal fine egli sostenne che colui il quale eseguiva i test, lo psicotecnico, non doveva soffermarsi sui dati di un singolo reattivo, ma doveva mettere in atto più reattivi per poter acquisire informazioni attitudinali del soggetto, limitando, così, il margine di errore di valutazione[56]. I reattivi furono impiegati non solo dal

55 Gemelli, *Osservazioni... op. cit.*, pp. 589-591.

Gemelli, ma anche da altri studiosi, come Karen Machover, psicologa americana, che applicò una particolare prova in ambito clinico nel 1949, denominata "test della figura umana[57]", con lo scopo di definire la personalità di un soggetto; tale test troverà successivamente fama anche nelle varie selezioni attitudinali. Derivante dal reattivo di Karen, il "test della famiglia", elaborato dallo psichiatra francese Louis Corman (1901-1996), fu usato anch'esso in campo clinico con lo scopo di verificare, nel soggetto analizzato, la presenza o meno di dissidi, che derivavano dai rapporti intrafamiliari[58].

Ritornando alla selezione gemelliana, il Nostro stabilì, seguendo la classificazione delle attitudini operata da Claparéde[59], quattro categorie di reattivi, ossia quelli riferiti alla percezione, all'attenzione, all'attività motrice e all'emotività[60], attraverso i quali il medico costruiva un preciso quadro psicofisico di ogni candidato, da cui

56 ID., *La psicologia... op. cit.,* p. 256; per approfondire cfr. G. Gradenigo, A. Gemelli, "I reattivi psicologici per la scelta del personale militare navigante nell'aria", in *Rivista di Psicologia,* XIV (1918), pp. 145-166.

57 V. Pavoni, M. Bianchini, *I test di intelligenza e della personalità,* Alpha Test, Milano 2010, p. 188.

58 *Ibidem,* pp. 190-191.

59 E. Claparéde, *L'orientation professionelle: ses problèmes et ses méthodese,* Bureau international du travail, Genève 1922, p. 41.

60 Gemelli, *Osservazioni... op. cit.,* pp. 592-595.

scaturiva l'ammissione o lo scarto di quest'ultimo. Concernente la prima attitudine, lo psicotecnico doveva verificare, oltre il normale funzionamento della vista, le possibili anormalità derivanti da essa, in particolar modo, attraverso la percezione dei colori o del rilievo di un oggetto tramite visione stereoscopica. Strumenti utilizzati per la misurazione dei tempi di reazione della percezione di uno stimolo visivo furono: il "tachistoscopio di Schumann" e il rotore a dischi.

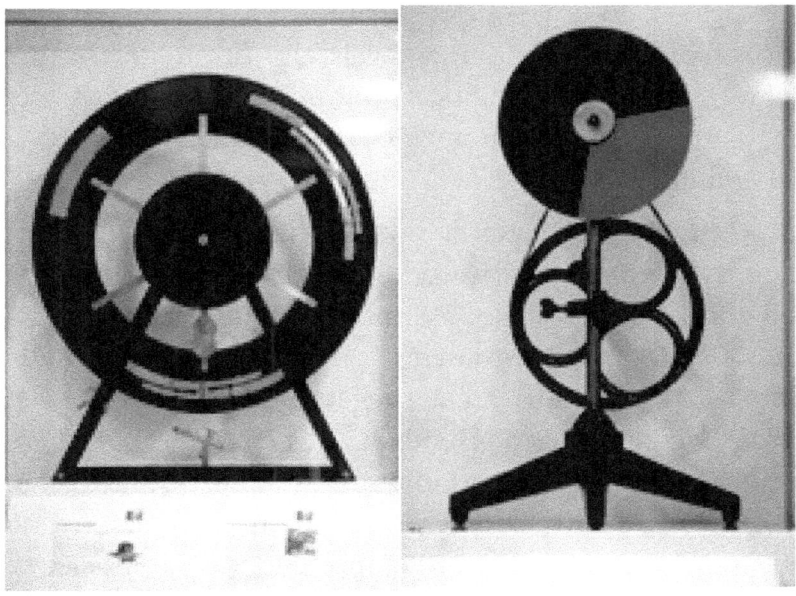

Fig. 4   **Fig. 5**

Il primo (Fig. 4) creava effetti di fusione tra stimoli visivi, mentre il secondo (Fig. 5) produceva tramite dischi rotanti effetti di fusione tra colori.

Oltre il rilevare come il soggetto, condizionato dal fattore psichico e visivo, percepiva un oggetto sia in condizioni di scarsa luminosità che nel buio e il determinare le capacità dell'individuo sia riscontrando i dati provenienti dalla percezione che valutando, attraverso i dati sensoriali, la velocità e la distanza percepita dall'individuo di fronte ad un oggetto, bisognava determinare la percezione dei suoni e dei rumori, nonché degli spostamenti del corpo che il candidato doveva rilevare.

Riguardo alla seconda attitudine, il medico - psicotecnico doveva definire il livello di attenzione del singolo, della sua capacità, appunto, di concentrarsi nei vari compiti, che gli venivano assegnati, e, verificare la sua abilità nell'eseguirli.

La terza e quarta attitudine riguardavano, rispettivamente, l'emotività e l'attività motrice; per ciò che concerne la prima, l'esaminazione della capacità del futuro pilota di estraniarsi, durante il volo, dalle emozioni sia positive che negative, doveva avvenire, come richiedeva il Gemelli, attraverso un esame cosiddetto "del comportamento[61]". Questa particolare indagine era costituita da diverse fasi di osservazione, da parte dello psicotecnico, del pretendente al posto di pilota. Nei primi due stadi, si chiedeva al soggetto di compiere determinati esercizi fisici su precisi attrezzi ginnici, a ciclo continuo, esigendo, man mano, da costoro un aumento dell'intensità nell'eseguire i vari

---

61 ID., *La psicologia... op. cit.*, pp. 267-276.

esercizi. Dalla suddetta prova, che poteva apparire esclusivamente ginnica, scaturirono, invece, dei dati molto rilevanti, come il verificare se un determinato individuo riusciva ad eseguire gli esercizi con o senza lamentele, in maniera irritata o lenta; dagli atteggiamenti degli individui, lo psicotecnico, con l'aiuto di un suo collaboratore, determinava, in questo modo, il grado di pazienza, di apprendimento, ossia un quadro completo del suo carattere.

Una terza fase era caratterizzata dal verificare se un soggetto avesse la capacità di leggere e capire i dati provenienti dagli strumenti situati a bordo dell'aereo e se avesse la costanza di osservarli anche durante un volo prolungato nel tempo, rilevando nella persona scrutata la presenza o meno della suddetta attitudine. A tal proposito, il Nostro sostenne che per risolvere l'affaticamento da volo del pilota, a cui era sottoposto specialmente durante un'attività di volo prolungata in termini di tempo, doveva essergli concesso un determinato tempo di riposo, che lo avrebbe aiutato nel recupero delle energie fisiche e psichiche, ma, soprattutto, avrebbe garantito un abbassamento della percentuale di incidenti aerei causati dalla stanchezza e dallo stress del soggetto[62].

L'ultima fase dell'esaminazione era diretta a comprovare la capacità del candidato a pilotare, a navigare in aria ovvero di mantenere la rotta del percorso prefissato, attraverso dei test riguardanti, appunto, la materia di

---

62 AA. VV., *Padre Gemelli… op. cit.*, p. 16.

volo, analizzando, in particolar modo, le risposte date oralmente e notando eventuali anomalie nell'esposizione dell'individuo. Un altro esempio di test per verificare il comportamento di un soggetto fu originato da Raymond Bernard Cattell (1905-1998), famoso psicologo inglese, il "test 16 PF[63]" che si basava su un questionario volto a rilevare gli indici di "16 fattori elementari" riguardanti il modo di essere di un individuo, attraverso cui determinare la sua personalità.

L'ultimo reattivo, consigliato dal Gemelli, era riferito all'esaminazione della motricità dell'individuo. Anche questo test, come quello precedentemente citato sulla percezione e sul comportamento, era costituito da diverse prove che lo psicotecnico doveva eseguire durante le sue verifiche ed erano finalizzate a determinare la capacità del soggetto nell'eseguire con abilità e precisione movimenti prefissati, il tempo di reazione, nonché l'osservazione delle esecuzioni delle manovre in presenza di uno o più stati emotivi particolari e della fatica conseguente specifici sforzi.

Utile per verificare la destrezza manuale e creativa fu, oltre al già citato "ergografo di Mosso", la "pompa di Schultzche" (Fig. 6), che permetteva di verificare le competenze del soggetto nel ricostruire, attraverso mattoncini di metallo, immagini che gli erano state fornite in precedenza.

---

63 Pavoni, Bianchini, *I test… op. cit.*, p. 162.

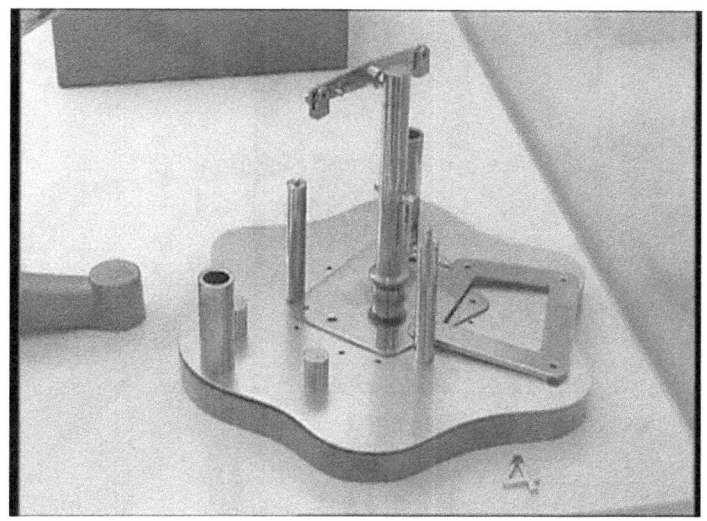

Fig. 6

Agostino Gemelli ed i suoi collaboratori compirono le citate indagini ed i loro studi scientifici indirizzati alla selezione dei candidati - piloti con l'ausilio di strumenti ed apparecchiature progettate da egli stesso, come è stato accennato precedentemente e, a volte, usando mezzi ideati da altri studiosi. Tra i vari congegni è possibile annoverare lo "strumento di Quincke" (Fig. 7) che, producendo una molteplicità di suoni e rumori, fu utilizzato durante gli esami concernenti la percezione per richiedere al candidato di distinguere, appunto, i suoni dai rumori e, il "microvolter" (Fig. 8) che, producendo segnali sonori da 20 a 20.000 hertz, fu utile per misurare le possibilità e i limiti dei sensi umani.

Fig. 7

Fig. 8

Altre quattro importanti apparecchiature adoperate furono il "tachistoscopio elettrico di Wundt", la cosiddetta "chiave combinata", il chimografo ed il pneumografo.

Fig. 9   Fig. 10

Fig. 11

Riguardo il primo strumento (Fig. 9), questo venne utilizzato per osservare le capacità percettive del soggetto di fronte a stimolazioni visive attraverso brevissime esposizioni di immagini; il secondo (Fig. 10), invece, fu impiegato per determinare la percezione derivante da una determinata stimolazione sensoriale che fosse uditiva o visiva; il chimografo (Fig. 11) fu adottato per registrare graficamente su una carta chimica annerita le variazioni di pressione del sangue a seguito di uno stimolo percettivo; mentre l'ultimo fu adoperato per misurare l'emotività, ovvero il grado di influenza di un'emozione sull'individuo.

Dunque, attraverso suddetti esami che comprovavano o meno le capacità ovvero l'esistenza di specifiche attitudini negli aspiranti candidati alla mansione di pilota aeronautico, i futuri medici e psicotecnici, addetti a selezionare il personale, avevano l'oneroso compito di elargire giudizi positivi o negativi, in altri termini, fungevano da giudici, ammettendo o escludendo i soggetti, basandosi, appunto, sui dati derivanti da valutazioni di ordine fisico e psichico.

La selezione degli aspiranti candidati alla figura di pilota, pertanto, fu un capitolo che Agostino Gemelli rese fondamentale nella storia della psicotecnica; attraverso i suoi studi scientifici, il Gemelli attestò come l'osservazione e l'indagine approfondita su tali soggetti, che speravano di pilotare un aereo militare, fosse necessaria per fornire all'aeronautica italiana piloti validi.

A tal proposito egli affermò:

«*La selezione medica si propone di eliminare quegli individui che presentano alterazioni, o insufficienza di sviluppo, o malformazioni organiche o funzionali che non siano compatibili con il volo, e, cioè, il pilota non deve avere o malattie in atto, o minorazioni, o predisposizioni tali da non permettere di sopportare le condizioni del volo, come la depressione atmosferica, l'accelerazione, i cambiamenti di temperatura, ecc.[64]*». Tale metodologia impostata da Agostino Gemelli, diventerà la bussola delle successive selezioni nell'ambito dell'aeronautica italiana.

---

64 Gemelli, *La psicologia… op. cit.*, p. 239.

CONCLUSIONE

Agostino Gemelli fu un religioso, che divenuto medico, profuse il suo impegno nelle ricerche scientifiche, determinato a scoprire i meccanismi che influenzavano la vita della persona umana, sia dal punto di vista fisico che psichico, negli ambiti più svariati, cercando di ottenere risultati utili rispetto agli obiettivi che si era prefissato di raggiungere. Dalle sue opere si evince come le conclusioni, a cui egli arriva, sono il frutto di una laboriosa attività scientifica caratterizzata da osservazioni dirette, sul campo, e da un filo conduttore, che era, appunto, la psicologia, applicata ai vari ambiti professionali da lui trattati: la scuola, l'azienda fino a toccare l'ambito militare ed aeronautico. Obiettivo del Gemelli è stata l'elaborazione di metodologie per la risoluzione di problematiche inerenti all'ambito lavorativo attraverso lo studio psicotecnico, da egli definito, come "un mezzo economico per eliminare precedentemente coloro che non apprenderebbero, o che apprenderebbero troppo lentamente e quindi in modo non economico[65]".

Per compiere tali studi psicotecnici, a dimostrazione di quanto il Gemelli fosse determinato nel compiere le sue analisi ed osservazioni, egli è giunto all'idea di scrutare,

---

65 *Ibidem,* p. 277.

---

ad esempio, l'aviatore in volo, non soltanto attraverso le solite domande di laboratorio, ma sostenendo che:

«Non è possibile studiare e risolvere questi problemi senza aver pilotato; non basta, per rendersi conto adeguato dei compiti del pilota, farsi trasportare in aeroplano, bisogna imparare, almeno sommariamente quelli che sono i vari compiti del pilota. Il medico pilota deve vivere la vita degli aviatori, condividendo con essi vantaggi e pericoli[66]».

Nonostante il suo intento di dare risposte ad interrogativi riguardanti il fattore umano ed il suo contributo nel risolvere problematiche concernenti la vita umana, come tanti uomini illustri che hanno lasciato una loro personale impronta al mondo, anche il Nostro è stato criticato, durante la sua attività scientifica, da parte di tecnici e studiosi; in particolar modo, riguardo la selezione dei candidati - aviatori, il sistema, da egli impiegato, è risultato sicuramente dispendioso in termini economici. Mostrandosi come un'evoluzione delle pratiche selettive antecedenti, tale sistema di valutazione si è rivelato, invece, ottimo nel riconoscere il personale di volo idoneo a svolgere la mansione richiesta.

Affrontando in maniera egregia i giudizi negativi, Padre Gemelli è stato riconosciuto, nella storia della psicologia, come il pioniere della cosiddetta Medicina Aeronautica, grazie al suo lavoro scientifico condotto accuratamente e meticolosamente. Oltre all'attribuzione di fondatore della nuova disciplina nel settore

66 *Ibid.*, p. 252.

aeronautico, al Gemelli va il merito di essere stato in grado di forgiare un procedimento selettivo concernente gli aspiranti piloti, diventato modello, fino ai giorni nostri, dell'aeronautica militare in Italia e non solo; difatti, i vari istituti o enti, adibiti alla selezione dei candidati idonei al pilotaggio, che si sono propagati nelle varie nazioni, non sono altro che i discendenti dei "Gabinetti per le ricerche psicofisiologiche sull'Aviazione e per le visite di controllo per i piloti", costituiti a Roma e Torino dal Nostro in collaborazione con il fisiologo triestino Amedeo Herlitzka e affidatigli da parte dei vertici militari.

Infine, per i suoi meriti scientifici, è stato nominato colonnello del ruolo d'onore dell'Aeronautica nel 1940, passando nel Corpo Sanitario Aeronautico. Grande merito e riconoscenza, dunque, ad Agostino Gemelli, che, come altri illustri studiosi italiani, attraverso i suoi studi e ricerche, ci ha reso orgogliosi e importanti di fronte al mondo intero.

Le immagini (1–11) sono quelle della mostra permanente "Padre Agostino Gemelli. Luoghi, persone e strumenti" allestita presso la sede dell'ASAG ("Alta Scuola di Psicologia Agostino Gemelli") di via Nirone, conservate nell'archivio dell'Università Cattolica del Sacro Cuore.

BIBLIOGRAFIA ESSENZIALE

AA.VV., *Agostino Gemelli,* Vita e Pensiero, Milano 1979.

AA.VV., *Fede e scienza nella vita e nell'opera di Agostino Gemelli francescano*, Vita e Pensiero, Milano 1960.

Ancona L., *Contributo di A. Gemelli al progresso della psicologia generale e di quella aeronautica*, in AA. VV., *Padre Gemelli e la medicina aeronautica*, Vita e Pensiero, Milano 1965.

Avallone F., Paplomatas A., *Salute organizzativa. Psicologia del benessere nei contesti lavorativi*, Cortina Raffaello, Milano 2005.

Blattner F., *Storia della pedagogia*, Armando, Roma 1989.

Boccia P., *Psicologia*, M&P Edizioni, Milano 2008.

Branzaglia C., *Comunicare con le immagini*, Mondadori, Milano 2003.

Castelli C., Ancona C., *Il Bilancio di Competenze nell'orientamento e nella formazione continua*, I.S.U. Università Cattolica, Milano 1998.

Cimino G., Lombardo G. P., *Sante De Sanctis tra psicologia generale e psicologia applicata*, Franco Angeli, Milano 2004.

Ferrari M., *Le ali del ventennio. L'aviazione italiana dal 1923 al 1945. Bilanci storiografici e prospettive di giudizio*, Franco Angeli, Milano 2005.

Ferrari M., Ledda F., *Formare alle professioni. La cultura militare tra passato e presente*, Franco Angeli, Milano 2010.

Gemelli A., "Intorno alla applicazione dei *test* mentali alla selezione industriale", in *Rivista di Psicologia*, XXXII (1936).

Gemelli A., "La psicotecnica al bivio di fronte ai problemi sociali del lavoro", in *Vita e Pensiero*, XXXVI, 6 (1950).

Gemelli A., "Le conquiste della scienza e i diritti dello Spirito. Discorso letto dal Magnifico Rettore, Fr. Agostino Gemelli, per la festa dell'Università, il giorno 8 dicembre 1957", in *Annuario UCSC* (a.a. 1957/58).

Gemelli A., "Nuove idee e nuove proposte sulla organizzazione del lavoro industriale", in *Vita e Pensiero*, XXXIII, 8 (1947).

Gemelli A., "Osservazioni generali di psicotecnica sulla selezione dei piloti di aviazione", in *L'Aerotecnica*, VII (1928), pp. 577-612.

Gemelli A., "Postilla", in *Archivio di Psicologia, Neurologia, Psichiatria e Psicoterapia*, XIII, 3 (1952).

Gemelli A., "Sulla necessità di una selezione psicologica nel reclutamento dei militari", in *Nuova Antologia*, VI, 243 (1925), pp. 327-348.

Gemelli A., *Gli incidenti del traffico stradale*, Vita e Pensiero, Milano 1990.

Gemelli A., *Il nostro soldato. Saggi di psicologia militare*, Treves, Milano 1917.

Gemelli A., *L'operaio nell'industria moderna*, Vita e Pensiero, Milano 1945.

Gemelli A., *L'orientamento scolastico e professionale dei giovani*, in *Atti della XXVIII Settimana sociale dei cattolici d'Italia*, Trento 1955.

Gemelli A., *L'orientazione lontana nel volo in aeroplano*, Stabilimenti Poligrafici Riuniti, Bologna 1933.

Gemelli A., *La psicologia del lavoro umano*, in F. Bottazzi, A. Gemelli, *Il fattore umano del lavoro. Aspetti biologici, fisiologici e psicologici del lavoro*, Vallardi, Milano 1940.

Gemelli A., *La psicologia del pilota di velivolo*, in A. Monaco, A. Gemelli, R. Margaria, *Trattato di Medicina Aeronautica*, Ufficio Editoriale Aeronautico, Roma 1942.

Gemelli A., *Riassunto di alcune indagini sulla psicofisiologia degli aviatori compiute nel Laboratorio di psicofisiologia del Comando Supremo*, Vita e Pensiero, Milano 1921.

Gemelli A., *Ricerche sperimentali sulla forma dei movimenti volontari*, Scuola Tipografica Pio X, Roma 1929.

Gemelli A., *Sull'applicazione dei metodi psico-fisici dei candidati all'aviazione militare: relazione di ricerche sperimentali compiute per incarico del Ministero della guerra presentata al Congresso della Società per il progresso delle Scienze*, Vita e Pensiero, Milano 1917.

Gemelli A., Tessier G., Galli A., "La percezione della posizione del nostro corpo e dei suoi spostamenti. Contributo alla psicofisiologia dell'aviatore", in *Archivio Italiano di Psicologia*, I (1920), pp. 104-182.

Genga G. M., "Il fattore umano nel volo e la questione della soddisfazione", in *Giornale italiano di medicina aerospaziale*, VII (2012), pp.68-75.

Ghichard J., Huteau M., *Psicologia dell'orientamento professionale. Teorie e pratiche per orientare la scelta negli studi e nelle professioni*, Cortina Raffaello, Milano 2003.

Gradenigo G., Gemelli A., "I reattivi psicologici per la scelta del personale militare navigante nell'aria", in *Rivista di Psicologia*, XIV (1918), pp. 145-166.

Lombardo G. P., Foschi R., *La psicologia italiana e il Novecento: le prospettive emergenti nella prima metà del secolo*, Franco Angeli, Milano 1997.

Lomonaco T., *Agostino Gemelli, pioniere degli studi di medicina aeronautica in Italia*, in AA. VV., *Padre Gemelli e la medicina aeronautica*, Vita e Pensiero, Milano 1965.

Melograni P., *Storia politica della Grande Guerra 1915-1918*, Mondadori, Milano 1997.

Morgantini F., "Angelo Mosso e la preistoria nel Mediterraneo. Uno scienziato prestato all'archeologia", in *Quaderni del Bobbio*, IV (2012-2013), pp. 81-93.

Nataloni A., "Soldato di Dio o Ufficiale di Cadorna?", in *Bollettino SNO*, VIII (2012), pp. 9-11.

Pavoni V., Bianchini M., *I test di intelligenza e della personalità*, Alpha Test, Milano 2010.

Preto E., *Bibliografia di padre Agostino Gemelli*, Vita e Pensiero, Milano 1981.

Raponi N., *Gemelli Agostino* in *Dizionario biografico degli Italiani*, Istituto della Enciclopedia Italiana, LIII (2000), *ad vocem*.

Spaltro E., "Le vedute critiche di A. Gemelli intorno al problema delle relazioni umane", in *Rivista Internazionale di Scienze Sociali 047*, V (1959), pp. 421-444.

Tosco P., "Cento anni di volo in Italia: Medici per l'Aeronautica", in *Giornale di Medicina Militare*, CLIX, 2 (2009), pp. 133-152.

INDICE

Finito di stampare nel mese di marzo 2017
presso Lulupress.